びっくりワンショット地球巡り

小野博之

智書房

仕事の合間を見つけては世界を巡り、40年が経過しました。その間、ちょっと面白い光景、ずっしりと心に響いた光景、なんとなく気になった光景をカメラに収めてきました。そんなワンショットを集めて地域別にまとめたのが本書です。

最近はテレビ番組で旅をテーマとしたものが多くありますが、自分で巡る旅ではそんな番組でも見られないものがまだまだ沢山あるように思います。

見なおしてみて、後進国の文化度を揶揄するように受け取られかねないシーンもありますが、私の本意はあくまでもオドロキと発見にあります。なるほどと共感いただければ幸いです。

小野博之

1 ヨーロッパ I ···················· 5
 ノルウエー ···················· 6
 スェーデン ···················· 7
 ポーランド ···················· 8
 クロアチア ···················· 9
 コソボ ···················· 11
 ルーマニア ···················· 12
 グルジア ···················· 13
 ベラルーシ ···················· 14
 モルドバ ···················· 15
 ロシア ···················· 19

2 ヨーロッパ II ···················· 21
 フランス ···················· 22
 ドイツ ···················· 30
 オランダ ···················· 35
 オーストリア ···················· 38
 イギリス ···················· 40

3 ヨーロッパ III ···················· 43
 イタリア ···················· 44
 スペイン ···················· 48
 トルコ ···················· 51
 キプロス島 ···················· 54
 ロードス島 ···················· 55
 ポルトガル ···················· 57
 ギリシャ ···················· 58

4 中東・アフリカ …… 61
- イラン …… 62
- シリア …… 63
- イエメン …… 65
- ケニア …… 66
- モロッコ …… 68

5 南北アメリカ・オセアニア …… 71
- ロサンゼルス …… 72
- ハワイ …… 74
- ブラジル …… 75
- メキシコシティ …… 78
- エクアドル …… 79
- エルサルバドル …… 81
- ブエノスアイレス …… 82
- ペルー …… 84
- オーストラリア …… 85

6 東アジア・東南アジア …… 89
- 中国 …… 90
- トルファン …… 96
- マカオ …… 97
- ベトナム …… 98
- カンボジア …… 99
- ミャンマー …… 100

7 南アジア …… 107
- インド …… 108
- バングラデッシュ …… 116

8 中央アジア …… 117
- ラオス …… 118
- ブータン …… 119
- ウズベキスタン …… 121
- チベット …… 123

9 日本 …… 125
- 巨大ボールの奇観 …… 126
- 品をつく電柱 …… 127
- こまったハト …… 128
- 何のおまじない? …… 129
- フェイク建築 …… 130
- 巨樹の上のレストラン …… 131
- ビックリのフラミンゴ …… 132
- 街の動物園 …… 133

あとがきにかえて …… 135

ヨーロッパ I

ノルウエー　スェーデン
ポーランド　クロアチア　コソボ
ルーマニア　グルジア　ベラルーシ
モルドバ　ロシア

ウクライナのヤルタにて

マグロの天日干し　ヨーロッパI ▶ ノルウエー　　　　Norway

　初夏のオスロ、ウイーゲラン彫刻公園でのワンショットです。
魚河岸に転がされたマグロのようにあっけらかんとして生々しい風景です。観光客がぞろぞろ歩いている道のすぐ脇です。おおらかなことこの上もありません。
「こちらの女性はスタイルがいいから平気なんでしょう」と、ノルウェー生活の長い日本人女性ガイドに訊いたら「シワしわのおばあさんでもおんなじですよ」と答えが返ってきました。この国に住んでみたい！

ベンチの正体　ヨーロッパI ▶ スェーデン　　　Sweden

美しいストックホルムの入り江沿いです。ここからの眺めが絶景です。しかし、並んでいるベンチにどうも只者ではない雰囲気が感じられます。背中合わせのベンチの側面に換気口が付いているところなぞちょっと怪しい。なんと正体は船の給油施設でした。たしかに、こんな所に無粋な給油施設があったのでは景色が台無しです。

市庁舎のイキな装飾   ヨーロッパI ≫ ポーランド   Poland

窓の両脇に配された男女の彫刻は何を意味するのでしょうか。
答えは酒瓶をぶら下げ、いい気分で朝帰りする呑ンベエ亭主とそれを待ち構える奥さん。奥さんの右手にはふがいない旦那を打ちすえるための木靴がしっかりと握られています。
この建物がなんとポーランドの地方都市ブロツワフの市庁舎なのです。役所もなんとイキな装飾を施すもの。それとも世の男性族はすべからくこのようなことの無きようにとの戒めか。

噴水？ 水鉄砲？　ヨーロッパI ▶ クロアチア　　Croatia

クロアチアの中世都市スプリットを散策中に出会った噴水です。握った手の間から一条の水が勢いよく落下し、広場のカップが受けています。歩行者は何食わぬ顔でこの噴水の下をくぐって行きます。でも、これは噴水なのでしょうか、それとも水鉄砲なのでしょうか？
ユニークでウイットに富む造形を生み出すのがヨーロッパの人々です。

不謹慎な人物像　ヨーロッパI ▶ クロアチア　　　Croatia

　クロアチアのコルチュラル島はリゾートの小さな島です。そこの丘上に建つ教会の入り口脇にこんな男性像が。正面を向いたウンチングスタイルはどう考えても神聖な教会に不似合い。一体どういう意味でしょうね。しかも、反対側に同じスタイルの女性像。あまりのご面相に公開は差し控えます。
　でもオードリー・ヘップバーン張りの清楚な美女でもやっぱり見たくないですね。

四羽のインコ　ヨーロッパI ▶ コソボ　　　　　　　　　　Kosovo

　この写真の影にご注目を！丸い輪に止まった四羽のインコがさえずっているように見えませんか。一番下に止まったインコなど頭も胴も尾羽も実にリアルです。でも、実物はどこにいるのでしょうか。あるのは無粋な碍子だけ。碍子がどうしてインコに化けるのか、不思議でなりません。
　福田繁夫がトリックアートというのをやっていました。ガラクタの山を映した影がグランドピアノに見えたり、男性の像を横から見ると女性になったりというやつです。これと同じ原理なのでしょうが、面白いですね。コソボのプリズレンにて。

ベンチのある風景　ヨーロッパI ▶ ルーマニア　　　Romania

　　　ルーマニアのボクダンポールという村でのワンショットです。左のおばあさんは
　　琺瑯びきの鍋を売っているようですが、右のおじいさんは散歩の一休み。この国の
　　田舎ではどの家も通りに面してこんな簡単なベンチを設けています。
　　村の人たちは勝手に座って話をしたり、日向ぼっこをしたりして、いいコミュニ
　　ケーションの場となっています。ルーマニアの農村地方は未だに昔ながらの良き
　　風習が残っています。

鉄柵を食べる樹　ヨーロッパI ≧ グルジア　　　Georgia

世の中にはすごい樹があるものです。鉄の柵をムシャムシャ食べてしまう樹です。昆虫を食べる花と言うのはきいていましたが、鉄柵とは恐れ入りました。学名は何と言うのか聴きそびれましたが、グルジアの首都トリビシでお目にかかった光景です。樹の中では鉄はもう消化されていることでしょう。
もっとも、その後日本でも注意していると度々目にするようになりました。でも、こんなに見事なのはないですけど。

カギだのみ　　ヨーロッパI ≧ ベラルーシ　　　　　　　　Belarus

　　ベラルーシの首都ミンスクを訪ねたとき「涙の島」という小公園に寄りました。アフガニスタン侵攻による戦死者のための慰霊碑があります。そこの入り口の格子扉にたくさんの南京錠がかかっていました。何かのおまじないでもあろうかとガイド嬢に聞いてみました。結婚した二人が生涯別れませんようにとの誓いの印だったのです。その思いたるやよし。
　　ちなみにこの国の離婚率を訊いてみました。20代で50％、40代でも3分の1とか。破局は鍵をかけたくらいでは止められなかったようです。
　　こんな鍵掛け物件はほかでもあっちこっちで見かけました。「カミだのみ」ならぬ「カギだのみ」。

メガネ屋さんならではの手すり　ヨーロッパI ≧ モルドバ　　　Moldova

　メガネ屋さんのサインには世界でも面白いものがたくさんあります。メガネそのものが造形性に富んでいてサインのデザインになりやすいからでしょう。
　ところがこれはサインではなくて店舗の入り口にある階段の手すりなのです。何と眼鏡のフレーム。レンズの枠とつるが立派に手すりを構成していいます。レンズ枠にはちゃんとガラスまではめ込んであります。こんなアイデアはなかなか思いつかない。また、思いついても実際に造るまではいかないものです。敢闘賞ものではないでしょうか。
　モルドバの首都キシニョフにて。

戦慄の写真展示　ヨーロッパⅠ ▶ モルドバ　　　　Moldova

　モルドバの首都キシニョフで宿泊ホテルのそばの公園を通りかかった時のことです。入口の鉄柵に掲げられた写真パネルに何気なく眼をやって驚きました。壕の中の死体の山。トラックの荷台がまた丸太のように積まれた死体の山。
　これはナチスの残虐行為を記録した写真で、日本ではあまりお目にかかれないものです。アウシュビッツに行った時でさえ刺激が強すぎるからか、展示されていませんでした。それが、何と公園の入り口にどうどうと。国による扱い方の違いに唖然としました。

著名人の狩猟写真は何のため？　ヨーロッパI ≧ モルドバ　　　Moldova

マリリン・モンローが羽を広げた見事な七面鳥を肩に担いでいます。その隣ではレーニンがウサギの耳をつかんでぶら下げています。そうかと思うとダリがつかんでいるのはガチョウでしょうか。ショーウインドの全面に飾られた見事なほどに大きな写真パネルはいうなればみんな有名人の狩猟風景です。得意満面の顔、顔、顔。

これはいったい何のためのキャンペーンなのか。後でガイドにどんな建物か聞いてみました。武器博物館ということがわかりましたが、この写真との関連性は？

プーチンのワイン蔵　ヨーロッパI ≧ モルドバ　　Moldova

　モルドバ南部にある広大なワイン貯蔵庫を見学しました。地下にあり、移動はミニバス。格子状に仕切られた棚にはワインボトルがぎっしり積まれています。中にはガガーリンとか、有名人の個人用もあります。そのひとつにプーチン大統領のがありました。3本のミニ国旗は左からアルメニア、ベラルーシ、ウクライナ。ロシアの旗がないのはどうしてでしょう。それに、プーチンなら個室なみの大きさがあってもいいように思いました。

トイレの注意書き　ヨーロッパI ≧ ロシア　　　　　　　　　　　　　Russia

トイレの注意書きとはやってはならないことながら、時としてはついやりがちなことを制止させるものでもあります。ロシアの男性はアル中が多いとのことですが、左下は酔っ払いがついこんなこともやってしまうのでしょうか。でも、右下は酔っぱらいに関係ないし、こんなことも時としてありうるのでしょうか。
それとも、これは日本でも昔よく見られた便所の落書きの類でしょうか。
ウラジオストックのみやげ物屋さんのトイレにあったものです。

ポーランドのチェンストホーバーにて

ヨーロッパ II

フランス　ドイツ　オランダ
オーストリア　イギリス

ベルリンのユダヤ博物館にて

三色旗（トリコロール）　ヨーロッパⅡ ≥ フランス　　　France

　青、白、赤の三色を並べたフランス国旗は世界の国旗の中でも好きなひとつです。三色旗とよばれ、それぞれの色が自由、平等、博愛を意味します。三色を並べた国旗はほかにもたくさんありますが、私にはフランス国旗の取り合わせが最もセンスよくスマートに感じられます。この3色は当分割ではなく青、白、赤の順に1.2　1.0　0.8の比となっていることを最近知りました。寒色と暖色の視覚的効果を配慮したもので、さすがは芸術の国と感心しました。写真はパリ東駅にて。

文化の違い　ヨーロッパⅡ ▷ フランス　　　France

　２輪式の立ち乗り車を「セグウェイ・ロード」と呼ぶそうですが、ニースの海岸道路を警官がこれに乗ってさっそうとパトロールしていました。ところが、この便利な乗り物が日本ではまだ公道を走ることは認められず、目下実験段階なのです。
　キックスケーターとかキックボードと言われるアルミ製スケーターがひところ若者の間で流行りましたが今はもう見ることがありません。ところが、フランスに行ったら主婦が買い物かごを肩にしょってすいすい乗っているではありませんか。日本ではこの乗り物は単なるファッションに過ぎなかったわけですがフランスでは日常生活の文化なのです。

前向き駐車　ヨーロッパⅡ ▶ フランス　　　France

　年をとると感覚が鈍くなりますが、車間距離もしかり。駐車場での後ろ向き駐車が苦手になってきました。隣の車にぶつけるかもしれないという恐怖心がわきます。だから前向き駐車に切り替えましたが、周りの車はみな後ろ向きに駐車しているから疎外感を感じます。家内からは軽蔑のまなざしで見られるし、面白くありません。

　アメリカ映画を見ると全部前向きに入れています。その方が絵になるし、アメリカは駐車スペースが広いからだろうと思っていました。ところが、最近フランスに行ったときひそかにホテルの駐車場を観察したら何と、全車前向きなのです。前向きか、後ろ向きかはどうも国民性にあるようです。日本人は几帳面だから出る時のことを優先するのでしょう。私が引け目を感じる理由はぜんぜんなかったのです。

黄色いキリスト　ヨーロッパⅡ ▶ フランス　　　France

ゴーギャンが描く「黄色いキリスト」は彼の代表作の一つですが、私はこの絵のキリストは画家の想像の産物ではないかと思っていました。磔刑のキリストには独特のディフォルメが加えられ、黄色もゴーギャンが好んで使う色で、ほとんどの絵に大胆に見られます。

ところが、このキリスト像が実際にあったのです。ブルターニュのポンタヴァンという小さ町を訪れたら、町外れの丘上に建つ素朴な礼拝堂の中にそれはありました。像はゴーギャンの絵そのままに素朴な形体で黄色い色彩が施されていました。まさに絵のモチーフは写実だったのです。礼拝堂の梁にはユーモラスな木彫りの人物や動物が配され、ほのぼのとしたものを感じました。

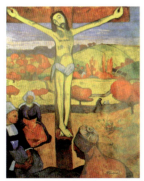

ゴーギャンの作品

動く象 　ヨーロッパⅡ ≧ フランス　　　　　　　　　　France

　西フランスのナントに行った時です。造船所の跡地を利用したテーマパークに大きな造り物の象が陳列してありました。内部に入ることもでき、よく出来ているなと感心していたら、そのうち動きだしました。車輪が付いていましたが足が本物そっくりの動きをするので。大きな耳も動くし、ときどき鼻を伸ばして蒸気を吐き出します。象の鼻息というわけです。
　象はジュール・ベルヌの小説に登場するキャラクターにちなんだものでした。ナントはジュール・ベルヌの生誕地だったのです。テーマパークにはそのほかにも彼の小説に登場する化け物がたくさん登場していました。

パリの引っ越し風景　ヨーロッパⅡ ▶ フランス　　　　　　　　　　　France

　　通りかかった街かどで偶然引っ越し風景に出合いました。車に設置したはしご状
　　の昇降機にテーブルでもタンスでも載せて目的の部屋のベランダまで一気に持っ
　　ていきます。
　　こんなのは日本では見たことがありません。道路が広いからこんな芸当ができる
　　のでしょう。日本では狭いエレベーターや入口ドアで一苦労させられます。おか
　　げで高級家具にキズをつけられることもしばしば。

個性的な西フランスの燈台　ヨーロッパⅡ ≧ フランス　　　France

　西フランスにあるプーラン岬はかつてフランスの名女優サラ・ベルナールが別荘を持ち、毎夏滞在したことで知られています。砂浜でつながる島の燈台が洒落ていて絵になる風景でした。その近くには異様に高い茶色い石積みの燈台もありました。この地方の燈台はみんな特徴があり個性的です。
　土産物屋にはそんな燈台のミニチュアがいくつも売られていました。燈台の写真集やカレンダーもあり、燈台が観光資源になっているのです。その点、日本の燈台はみんな画一的で面白味に欠けるようです。

便座のない便器　ヨーロッパⅡ ≧ フランス　　　France

　フランスでマクドナルド店のトイレに入ったら大便器に便座が付いていません。これはまいったなと思い、隣を覗いたらそこも同じ。それどころか、ドライブインのトイレも同様です。後進国ではまま見受けますが、フランスでこれはないでしょう。まさか、フランス人は便座なしで用をたす、ということは"立ちション"ならぬ"立ちフン"族になったのかと勘繰りました。
　よくよく考えたら、初めから便座も蓋もなしの便器で、そのヘリにお尻をのせて用をたせということなのですね。フランス流合理主義とでもいいましょうか。ほかの国ではお目見かかったことがありません。

オスト君　ヨーロッパⅡ ▶ ドイツ　　　　　Germany

日本でも信号灯の青と赤を人の形にしたものをみかけます。ベルリンの信号灯はちょっと風変わりです。人型が独特でユーモラスです。オスト君という愛称がありベルリン市民から親しまれているのです。このキャラクターを売り物にしたショップさえありました。

私が宿泊したホテルではドアの表示に利用していました。赤が「睡眠中につき入室を断ります」で、青は「入室OK」です。ちょっとシャレていますね。

お菓子やさんには座布団がよく似合う　ヨーロッパⅡ ▶ ドイツ　　　Germany

　ドイツのフルダという小都市に泊まったときのことでした。朝のウオッチングで洒落た菓子店をみつけました。ガラス張りの店舗の入り口脇には舗道に沿ってベンチ風の台がしつらえてあります。そこに座り心地のよさそうな座布団が数枚。菓子を買った客がここで一休みするのでしょうか。客同士の会話がはずみそうです。なんとなく日本の茶店を思い出して心がなごみました。

不謹慎なイタズラ ヨーロッパⅡ ▶ ドイツ   Germany

ベルリンの博物館島にあるベルガモン博物館は館名の由来となっているベルガモンの大祭壇をはじめとして古代ギリシャ、ローマ、中近東などの美術品を展示します。美術館のアプローチが古代の神殿を思わせ、中庭の列柱の前には古代彫刻がずらりと据えられています。その彫像の一つに目を近づけたとき、ヤヤヤと思いました。これはエイズキャンペーンでしょうか。いや、単なるイタズラでしょう。それにしても不謹慎な。

ちょっと苦しいキャンペーン広告　ヨーロッパⅡ ▶ ドイツ　　Germany

ドイツのワイマールでは路上広告塔や地下通路のポスター広告で盛んにエイズキャンペーンをやっていました。この手のキャンペーンではあからさまにならない、スマートな表現に気を遣います。野菜や果物とコンドームの組み合わせに苦労の跡がうかがえます。でも、レモンはちょっと苦しそうです。

舗道の人影　ヨーロッパⅡ ≧ ドイツ　　　　　　　　Germany

ワイマールの街中を歩いていてギョッとしました。割り石の舗石の中に人影が浮かんでいるのです。一瞬自分の影かと思いましたが、動きません。色違いの割り石の並びでそう見えるのかとも考えましたが、そうではなく、人為的に着色しているのです。

誰がこんな悪戯を思いついたのでしょう。あるいはアートの表現かも知れません。でも、私には広島、長崎の原爆で熱線によって刻印された人影が思い出されてあまりいい気分ではありませんでした。

派手なシャツ　ヨーロッパⅡ ⮕ オランダ　　　　Netherlands

オランダのハーグでも海岸のリゾート地はスケベニンゲンという日本人にはおなじみの地名がついています。そこを歩いていたときのことです。ふと見ると立派な体格の男性が歩いています。着ているシャツがまた素晴らしく派手なのです。でも、よく見ればそれはシャツではなく肌そのものでした。つまり、シャツの模様に見えたのは刺青だったのです。こんな全身刺青の人間を街中で見るのはヨーロッパでも珍しいことです。

橋上のインスタレーション　ヨーロッパⅡ オランダ　Netherlands

　ヨーロッパの都市ではどこでもレストランは店の前の舗道にテーブルを置いて営業しています。夜になるとテーブルも椅子も店の中に取り込むのかと思ったらそうではなく、路上に出しっぱなし。一応重ねたり、たたんだりはしていますが堂々としたものです。
　これはアムステルダムの運河に架かる橋ですが、橋の上の舗道も立派に活用しています。まるで路上のインスタレーションという感じでが面白いですね。一応盗難防止でしょうか、鎖をかけ渡してはありますが。

商品か？ディスプレーか？ ヨーロッパⅡ ▶ オランダ　　Netherlands

オランダのアルクマールはチーズ市で有名な町です。計量の光景は長く見ていても仕方がないので街中を見て回りました。インテリアの大きな店舗の前で目がとまりました。ショーウインドの中にはガラス瓶に挿した猿の手のような木彫の棒。孫の手にしては大きすぎます。それとは別にもっと奇妙なものもあります。入口のドアのそばにも同じ品物が。でもそれは商品なのか、それともディスプレーなのか。オランダ人というのはこんなのは平気なんですね。

第2次大戦の遺物　ヨーロッパⅡ ≽ オーストリア　　Austria

　ウイーンの街中にこんなものが残っているとは思いませんでした。第二次大戦時、空襲に備えてドイツが造った高射砲塔です。その異様な姿に圧倒されます。古いものを大事にする国とは言え、何もこんなものまで残しておくことはないのではと思いましたが、頑丈すぎて壊せないとか。何しろ民家のそばだからダイナマイトは使えないし、二次利用の案も出ないとのこと。現在ウイーンにはこんなのが6基も残っているのです。

6角形のマンホールの蓋　ヨーロッパⅡ ▶ オーストリア　　　　　Austria

キャロル・リードが撮った映画「第三の男」は第二次大戦直後の荒廃したウイーンを舞台とします。麻薬の売人をするハリー（オーソン・ウエルズ）が逃げ込むのが地下水道で、そのシーンのマンホールの蓋が印象的です。6角形をしていて、花弁を開くように中央から各辺に向かって立ち上げます。

私は今回の旅でやっとこの蓋に巡り合うことができました。私にとっては探しあぐねたもので、感激の一瞬でした。

奇妙なベンチ　ヨーロッパⅡ ≫ 西欧 ≫ イギリス　　　United Kingdom

　歩道にベンチがあるのはよくある風景ですが、何か変です。普通、ベンチは車道を向いています。それに、アート作品のように立派な基壇に乗っているのはどういうわけでしょうか。
　ヒントを一つ。ここはロンドンのテームズ川沿いの道です。つまり、ベンチに座っている人が右側の手すり越しに川を行きかう船と対岸の風景を見られるように配慮したものでした。それにしても、ここの手すりは石張りで高さもかなりあります。まさか堤防を兼ねているわけではないと思いますが。

お化け信号灯 ヨーロッパⅡ ▷ イギリス　　United Kingdom

ロンドンの広い通りの交差点には信号灯がいくつも付いています。横断歩道の途中に緩衝地帯のような島が左右にあり、そこにも付いているから合計すると相当の数になります。そんな光景を茶化したようなオブジェにはびっくり。赤、黄、青のランプが勝手にキャカチャカ点滅していて巨大なクリスマスツリーのようでもありますが、どっちかといえば信号灯のお化けという方がふさわしいでしょう。英国人らしいユーモアセンスのたまものです。

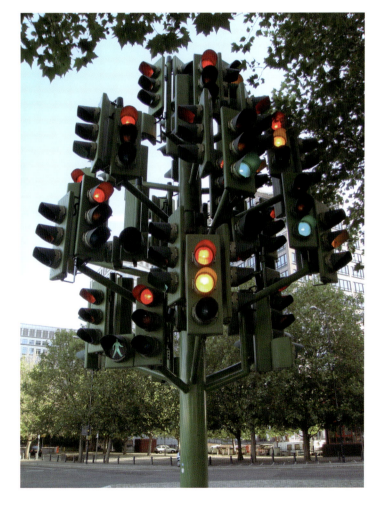

フランス　ギャラリー・ラファイエット

ヨーロッパ Ⅲ

イタリア　スペイン　トルコ　キプロス島
ロードス島　ポルトガル　ギリシャ

スペイン・フィーゲラスにて

猛犬に注意　ヨーロッパⅢ ≽ イタリア　　Italy

「猛犬に注意」という張り紙をよく見かけます。実は我が家にも貼ってあります。かつては当家でも犬を飼っていました。猛犬というほどの犬ではなかったのですが、張り紙はドロボウよけのお札のようなものでした。
古代都市ポンペイにもこんなサインがあったとはビックリです。しかもモザイクで玄関の床いっぱいに描いた豪華版です。これではドロボウ氏も顔色を変えて退散することでしょう。人間の考えることは昔も今も変わらない。

単純明快なサイン　　ヨーロッパⅢ ▶ イタリア　　　　　　　　　　　　　　Italy

「ポンペイには面白いサインがあったよ」と、友達が教えてくれました。私としては是非それをカメラに収めたいものです。ありました、ありました。娼館に通じる道、石敷きの床に掘り込んでありました。シンボルの向きに目当ての館があるというわけです。単純明快、誰が見ても理解できます。

チューリップのささやき　ヨーロッパⅢ ▶ イタリア　　　Italy

　　イタリアのベローナの店舗には感心しました。どの店でも入り口の脇にそっと吸い殻入れを備え付けているのです。それも、しゃれたその店独自のものばかり。このチューリップもしかり。何だろうと思って覗けば中は細かな砕石を敷きつめた吸い殻入れでした。「店内は禁煙ですよ。吸いかけのタバコはここで消してください」とささやいているわけです。
　　言葉で強制しないところが奥ゆかしいですね。

ワラをもつかむ　ヨーロッパⅢ ≧ イタリア　　　　　　Italy

フイレンツエのヴェッキオ宮は現在市庁舎として使われていますが2階は大広間になっています。ダビンチの幻の名画といわれる「アンギアーリの戦い」がもし完成していればこの広間を飾りました。ちょっとした美術館の趣で、ギリシャ、ローマ時代の彫刻がたくさん展示してあります。私が来るたびに不思議に思うのはこの彫刻です。二人の男が演じているのはレスリングでしょう。今にも投げ飛ばれそうになった男が左手でむんずとつかんでいるのは相手の一物。これは明らかに反則では。こんな所をつかまれたのでは男は悶絶ものです。

「溺れる者はワラをもつかむ」とはまさにこのことではないでしょうか。でも、こんなシーンを彫刻にするとは古代人もユーモアがあります。

ギョッとするゴミ　　ヨーロッパⅢ ▶ スペイン　　　　　Spain

　　バルセロナの旧市街をウオッチングしていたら広場のゴミ箱に意外なものがのぞいていました。ブタか何かの足です。どうしてこんなものがゴミ箱に。誰かがこの足を焼いて付いていた肉を食べた残りでしょうか。日本人はこんなのを見るとギョッとしますが、考えてみればヨーロッパ人にとっては魚の骨と同じようなものかもしれません。

簡便なディスプレー　　ヨーロッパⅢ ▶ スペイン　　　　　　　　　　　　　Spain

　ガウディが設計したバルセロナのグエル公園は見どころがいっぱいの楽しい公園です。サグラダ・ファミリア教会が遠望できるここからの眺望も素晴らしいの一語です。
　観光客相手に屋台の土産物屋さんが店開きしていました。三脚の上に広げられた傘が3ユーロかと思ったら、そうではありません。傘の表の文様と思ったのが吊るされたアクセサリーだったのです。傘がディスプレーの台とは簡便にしていい着想と感心しました。

キッズ専用入り口　ヨーロッパⅢ ▶ スペイン　　　　Spain

　ダリ生誕の地、スペインのフィゲラスにはダリ美術館やダリ宝石美術館があって、不思議なアートの世界を楽しめます。小さな町ながらおもちゃ博物館があるし、おもちゃ屋さんがいくつもあり、散策するに面白い雰囲気が漂っています。
　写真のおもちゃ屋さんにはビックリ。大人の入り口とは別に子供専用の入り口があるのです。しかも、造りが大人用とそっくりなところが面白いですね。子供は当然こちらから入るのを好むでしょう。お犬様やお猫様専用入り口はたまに見かけますが、お子様専用とは珍しいですね。子供の心理を見通した店づくりと感心しました。

珍現象　　ヨーロッパⅢ ▶ トルコ　　　　　　　　　　　　　Turkey

　暗くなった床に映し出されているのは木漏れ日です。でも、みんな三カ月型をしているのはなぜでしょう。
　トルコのイスタンブールに行ったとき、ちょうど昼時、皆既日食に遭遇しました。太陽と月の重なりよって、木漏れ日が同じこんな形になるということです。面白い現象ですね。もう二度と撮れない写真です。

吸い殻入れの片思い　ヨーロッパⅢ　トルコ　　　Turkey

「今夜食事でも一緒にどう！」
「いやよ、あなたニコチンくさいんだもの」吸い殻入れ君とベンチさんのそんな会話が聞こえてきそうです。
トルコのカッパドキアで訪問した絨毯屋さんの門前でお目にかかったワンショットです。

包帯男の像　ヨーロッパⅢ ▶ トルコ　　Turkey

異国ではときに奇想天外なものが見られます。

トルコのチャナッカレに行った時はビックリしました。何と包帯男の像です。でも、この包帯をとったら中身はなにもない、つまり透明人間だったりして。と、よくよく見れば単なる工事中でした。日本でも工事中はこんなですかねえ。

奇妙なディスプレー　ヨーロッパⅢ　キプロス島　　Cyprus

人に尻を向けるのは失礼なことというのは万国共通と思っていましたが、そうとも言えないようです。人通りの多い歩道に向けて並ぶマネキンが全部尻を向けているのでビックリ。（一番左の一体だけ前を向いていると思ったら胴も顔もついていて、これは生きている人間、どうやら店主のようでした。）しかも、胴の上に運動靴を載せているのも奇妙です。しかし、目立つことこの上ありません。奇抜なディスプレーで人目を引こうと言うのが店主の作戦なのでしょうか。キプロス島の繁華街にて。

獣面樹　ヨーロッパⅢ ▶ ロードス島　　Rhodes

昔、人面魚というのが話題になりました。鯉の背中の模様が人の顔に見えるというやつです。源平合戦の行われた四国の屋島に行ったら平家蟹というのがありました。蟹の甲羅が平家の落ち武者にそっくりなのです。

これもそんな類です。ロードス島のみやげ物やが並ぶ通りで見かけました。何かに似ていると思ったら羊です。瞳は書き込んでありますが、形はどう見ても目です。鼻先もよく似ています。ちょっと気味が悪いくらいの出来ではありませんか。

小石のジュウタン　　ヨーロッパⅢ ▶ ロードス島　　Rhodes

　ロードス島の舗装はちょっと変わっています。平たい丸石のこばを上にして敷き並べているのでまるで皮をむいたトウモロコシのようです。
　小高い丘上にあるリンドスの遺跡に至る小道がとくに素晴らしく、白い石の中にところどころ黒の石で文様を表しています。それが沿道のみやげ物屋の店内にも延びていて、まるで小石で出来たジュウタンを敷き詰めたようなのです。こんなのは他に見たことがありません。

リボンのダンス ヨーロッパⅢ ▶ ポルトガル　　　Portugal

リスボンのウオッチングである地下鉄駅の前にさしかかったところ、閑散とした広場に面白いものを見つけました。赤と黒が平行に走った長いリボンがクネクネとダンスしているのです。

不思議なこともあるものだと思って近づいたところ、格子の床下から風が吹き上げていました。これは排気口だったのです。誰かがそこに結んだのでしょうが、いたづらともおもえないほどに気の利いたオブジェになっていました。それとも、作意十分なパフォーマンスでしょうか。

門だけの家　ヨーロッパⅢ ≧ ギリシャ　　　Greece

ギリシャのサントリーニ島にはこんな門とドアだけの家がたくさんあります。門の先には青い海と遠くの島影が見えるだけでちょっと不思議な光景です。こんな門をどこかで見たなと思ったら「ドラえもん」の「どこでもドア」でした。といっても家がないわけではなく門を入ったすぐの階段を降りていった先にあります。何しろ海岸縁が高い崖になっていて、その頂上の斜面に街並みが出来ています。だからほとんどの家や店舗が階段状に並んでいて、それがまたこの島の特異な景観を形造っていて面白いのです。

煙突の上のトリ　　ヨーロッパⅢ ▶ ギリシャ　　　　　Greece

コウノトリは暖かいところが好きとみえてヨーロッパでは煙突の上に巣を作っているのをよく見かけます。これもそうかと思って近づいてよく見れば鉄板の作り物。でも遠くからは向きによって本物の鳥に見えます。実はヨーロッパではこんな風景もよく見られます。排煙の効果を上げるためのものでしょうか。ギリシャのメテオラにて。

ギリシャ・サントリーニ島の大道音楽家

中東・アフリカ

イラン　シリア　イエメン
ケニア　モロッコ

イラン・イスファハンの子供たち

クエスチョンマークのクエスチョン 中東・アフリカ ▶ イラン　　Iran

　最近はどこの国に行っても観光地には立派なツーリストインフォメーションがあります。建物もそれらしくしゃれた造りになっています。インフォメーションの頭文字 i のサインがあるのですぐ分かります。
　面白いのはイランです。古都シーラーズではクエスチョンマークを使っていました。でも不思議なことにマークが裏返しになっています。どうしてなんでしょうね。

団地式お墓の元祖　中東・アフリカ ▶ シリア　　Syria

最近は都市でお墓用の土地が不足しているため団地式が大流行です。四周の壁に貸しロッカーのように扉がぎっしりと並んでいて壮観ですが、ちょっと味気ない気もします。

ところが、なんとこの方式は古代にもあったのですね。シリアに行ったとき古代都市パルミラで案内されました。死者をそのまま箱に収め、柱と柱の間に引き出し式に何段にも重ねて入れます。写真に見えるベロが引き出し受けです。でも、この墓所は身分の高い一族のもので先祖代々の死者が入ります。墓の内部は素晴らしい石彫で飾られ豪華そのもの。そんなお墓がこの一帯には幾つもあります。

前面道路は自分のもの　　中東・アフリカ ▶ シリア　　　　　Syria

　歩道に干してあるのは蒸したての落花生のようです。きっちり自分の店の間口でとどまっているところを見ると、ここはわが領分という認識なのでしょう。歩行者はそこだけは車道を通行しています。暗黙の了解ができているようです。日本でも昔は道路で魚を焼いたり、洗たくしたりする光景が見られたものです。
　シリアの首都ダマスカスでのワンショットです。

こけおどし？ 中東・アフリカ ▶ イエメン　　　　　　　　　　　Yemen

イエメンの首都サナアを早朝散歩していたら、店開き前の金属製ドアがずらりと並んでいました。そのドアに小さなものがいくつもぶら下がっています。近づいて見れば何とすべてが南京錠。ちょっとしたアクセサリーといった感じです。多いドアで5, 6個。日本のアキスならこんなものを開けるのは朝飯前でしょうが、こちらでは効果はあるのでしょうか。それとも、ドロボウよけのおまじないかこけおどし？

蚊帳の家　中東・アフリカ ▶ ケニア　　　Kenya

子供の頃はどこの家でも夏は蚊に刺されないように蚊帳を吊って寝たものです。風通しが悪くなり大人にはありがたくないものでしたが、子供にとっては部屋の中にもう一つ部屋が出来たようで面白い体験でした。

ケニアの動物保護区の中にあるホテルはバンガロー形式で部屋全体が蚊帳でできていました。とはいっても屋根だけは雨が降ってもいいようにシュロの葉で吹かれています。その大きな屋根の下に蚊帳を張り巡らして部屋にした感じ。入口は左右を合わせてファスナーで閉じます。ちゃんと南京錠で戸閉まりも万全。涼しくて寝心地も悪くありませんでした。

天国の裏側 中東・アフリカ ▶ ケニア   Kenya

マサイマ国立保護区はケニア最大の自然動物園で見渡す限りの大草原にさまざまな動物たちが群れをなして住んでいます。象、キリン、シマウマ、バファロー、インパラなど動物園でおなじみの輩が次から次と現れ見あきることがありません。動物たちにとっては天国のように、一見のどかな風景に見えますがちょっと注意して見るとこんな場面にも遭遇します。密林など身を隠すものは一切なく、ライオンや豹にとってはこの上もないレストランなのです。これはメスライオンの朝食風景。観光用の４WDが取り囲んでも動じる風もありません。まさに弱肉強食の世界。食物連鎖の摂理を目の当たりにさせられます。

モロッコの有田焼？　中東・アフリカ ▷ モロッコ　　Morocco

モロッコのマラケシュで雑貨屋さんに入りました。土産ものを買うにはお土産屋さんよりこんな店の方がお国柄豊かで安い掘り出し物が見つかることが多いのです。奥の方で目に入ったのがこのお皿です。何と有田焼にそっくりな絵柄なのです。安ものですからもちろん輸入品ではありません。細かく描かれた文様はいろんな花にキジも見えます。正倉院の宝物にははるばるオリエントの国々から運ばれてきたものも多いそうですが、逆もあるのですね。

ベンチの座り方　中東・アフリカ ▶ モロッコ　　　Morocco

このスナップはモロッコで撮ったものです。アベックの男女がわざわざベンチの上に乗り狭い背板のへりにお尻を乗せるとはどういうことでしょう。この国では同じように座っている光景はほかにも見たし、イランでは学校構内で大勢の生徒が同様の座り方をしているのを目撃しました。理由は座面がきたなくてお尻が汚れるからとか、直射日光が当たっていて熱いからとか考えてみましたが自信はありません。あるいはイスラム圏の、または中東諸国でのナウい座り方なのでしょうか。

イエメンの美少女

南北アメリカ・オセアニア

ロサンゼルス　ハワイ
ブラジル　メキシコシティ　エクアドル
エルサルバドル　ブエノスアイレス　ペルー
オーストラリア

エルサルバドルのホテルレストラン

強引な阻止　南北アメリカ・オセアニア ▶ ロサンゼルス　　　Los Angeles

アメリカでは一方通行の道路や駐車場にときとしてこんな仕掛けが見られます。いかみもアメリカ的な有無を言わせぬ強引さです。

これは怖い。これを踏めば当然パンク。これほど強制力を発揮するものもありません。ぶっそうな酔っぱらい運転にもこれぐらい効果を発揮する特殊兵器を発案することはできないものでしょうか。もっとも、アルコールを感知するとエンジンが止まってしまう車が研究されているとか。

世界一低い小便器と世界一高い小便器　▶ ロサンゼルス　　Los Angeles

　中南米のエルサルバドルへはロサンゼルス経由でした。ロス空港では行きと帰りの２回待ち合わせましたが、ここのトイレ小便器の低いのにはびっくりしました。子供用に当たったかなと思って周りを見渡したらみんな同じ。大人の膝下に届かないのです。米国人は背が高いのにどうしてでしょう。でも、用をたすことはできるから高過ぎるのよりもましです。
　逆に、北欧に行った時は高すぎて往生しました。私のモノがやっと便器の縁に届く程度だから私より背の低い人は完全にアウト。大便器は座ったら足底が床に届きません。これでは踏んばることもできない。

自転車は何台？　南北アメリカ・オセアニア ≫ ハワイ　　　Hawaii

ハワイのワイキキは散策に楽しい街です。日本人が多すぎるきらいはありますが、常夏の島らしい開放感が何とも言えません。
この街のあっちこっちにある駐輪施設が傑作です。何と自転車そっくりのデザインなのです。いかにも南国風のウイットが感じられ、街角の愛らしいマスコットになっています。写真は真ん中の駐輪施設を挟んで両脇の2台が本物です。

たいくつな時間　南北アメリカ・オセアニア ≧ ブラジル　　　Brazil

ブラジルのアマゾン川の浅瀬には高床式の民家があっちこっちに建っていました。住人は舟で往来しています。
ふと見れば鶏と犬がジッと退避しているではありませんか。飼い主に見捨てられたわけではなさそうです。みんなおとなしくしているところを見ると慣れているのでしょう。
ここでは汐の満干のように一日の間で増減を繰返すのでしょうか。いつまで待っているのか、退屈そうです。

これは何でしょう　南北アメリカ・オセアニア ▶ ブラジル　　　　Brazil

リオデジャネイロの街を散策していたら不思議な物体にお目にかかりました。釣鐘型のコンクリート塊に鎖が付いています。そして一本の溝。これが何だか分かった人は相当に感のいい人でしょう。私もしばし頭をひねりました。でも、自転車をつなぎ止める駐輪施設とわかったのはヨーロッパのそれをいろいろ見てきたからです。

駐輪施設ほどデザイン的にバリエーションのあるものはありません。

ブランコかアート作品か　南北アメリカ・オセアニア ▶ ブラジル　　　Brazil

　サンパウロの宿泊ホテルのそばにちょっとした広場があり、アート作品がいくつも展示してありました。ブランコが一台ありましたが、腰かけ板の下に人間の頭部が付いています。これもアート作品というわけでしょうか。あたかも処刑された罪人のようでちょっと不気味です。大戦直後のイタリアでムッソリーニは銃殺された後、確かこんな風に吊るされたはずです。

ネコが車を好むわけは？　南北アメリカ・オセアニア ▶ メキシコシティ　　Mexico City

ネコが車をこのむことはよく知られています。私も何度も愛車を泥足で汚されたものです。理由は暖まったエンジンがネコを居心地良くさせるからと言われますが、それだけでしょうか。

ここは南米メキシコシティの住宅街。日当たりのいい車の屋根はネコにとってはちょっと暑すぎるはずですが、この人気ぶりにはビックリ。屋根に4匹、リアウインドに2匹、みんな心地よさそうに昼寝しています。ほかに場所まちなのか、地面に1匹がうろうろ。ネコと車の相性のいい理由をご教示願いたいものです。

過剰な遊びごころ　南北アメリカ・オセアニア ▶ エクアドル　　　Ecuador

エクアドルのレストランで目にしたトイレサインにはびっくり。長年トイレのサインを蒐集してきた筆者もこんなのは初めてです。男性のシンボルが天を向いて直立しているではありませんか。グループのおばさん連中には大受けでした。
パイプを切断して組み合わせたものでしょうか。アート作品としての趣も感じられます。高さも絶妙で目線の位置ではなく、ちょうど腰のあたりか。
ちなみに女性用はと見るとこちらはおっぱい。おふざけの気持ちは十分に伝わってきますが、ほかの国では通らないのでは。

サインと色　南北アメリカ・オセアニア ≧ エクアドル　　　　Ecuador

　人がサインの意味を理解するとき、色の要素が意外と大きいのではないでしょうか。信号の青がゴーで赤はストップ。トイレの青は男性で赤が女性。いつ、誰がそう決めたのかは知りませんが世界はそのようになっています。
　ところがエクアドルの教会でトイレに入ったときは面食らいました。青が女性用で赤が男性用だったのです。気が付いて見直したとき、しばし頭をひねりました。トイレの前で観察していると間違えて女性用に入ろうとする男性が何人かいました。
　でも、考えてみれば男が青で女が赤でなければならない理由は何もないわけです。

おもてなしのこころ　南北アメリカ・オセアニア ≧ エルサルバドル　　El Salvador

　南米、エルサルバドルのホテルでドアを開けて部屋に入ったらベットの上で何やら小動物のようなものが迎えてくれました。と言っても生きものではありません。手に取ってみたら部屋で使うタオルを組み合わせて作ってあります。目玉は化粧水の丸い蓋です。
　翌朝レストランに行ったら果物の組み合わせで作った人形がお出迎え。ユーモラスでしかも良く出来ています。すっかり愉快になりました。
　おもてなしの心は日本だけではないようです。

キャッシュデスペンサー？ いや、お墓です ▷ ブエノスアイレス　　Buenos Aires

　ブエノスアイレスのレコレーター墓地はこの国の富裕層のための施設です。ペロン元大統領とその妻エビータのお墓もあります。各家の墓は建物のような造りになっていて、まるで街の中を歩いているような気分です。
　全面ガラス張りのこの建物はキャッシュデスペンサーかと思いましたが、やっぱりお墓でした。中に鎮座するのは故人の彫像と十字架です。入り心地はどんなものでしょう。

アクロバットの窓掃除 南北アメリカ・オセアニア ▶ ブエノスアイレス　　Buenos Aires

ブエノスアイレスの総ガラス張りの超近代的なビルにしては似つかわしくない風景に出合いました。数えたら総勢11人の人間が張り付いていました。中にはノーヘルメットもいます。命綱は着けているのかどうか、まさにアクロバット。
この国ではこんな高層ビルにもゴンドラは付けないのでしょうか。近代ビルと原始的作業のミスマッチ。

どんな子供ができるのか？　南北アメリカ・オセアニア ▶ ペルー　　　Peru

　ペルーのリマに行った時のことです。広場に大きな噴水があって、その周囲を動物の像が取り囲んでいました。
　奇妙なのはその動物です。上になっているのはどうやらオスのライオンです。でも、抱き抱えているのは羽をもち、長い尻尾がありますからドラゴンでしょう。その2匹の絡み具合から交尾しているように見えます。ライオンとドラゴンが交尾するとどんな子供が生まれるのでしょう。この国ではこのことに関して何か寓話がありそうです。

ほんわか顔　南北アメリカ・オセアニア ▶ オーストラリア　　　Australia

オーストラリアのカンガルー島にはカンガルーの代わりに野生のアシカがたくさん生息していました。われわれを同類と思っているのか、まったく人見知りせず近寄ってきます。じっと見つめられると観察されているのはこっちかもしれません。
アシカがこんなにホンワカとしたいい顔をしているとは意外でした。こんな顔の人、ときどきいますね。

造化の神のいたずら　南北アメリカ・オセアニア ▶ オーストラリア　　Australia

　砂漠の中に奇妙な形をした岩がにょきにょき突き出たオーストラリアのピナクルズでは想像力を刺激されます。枯山水風、ゴシック寺院風、逆さ大根風とさまざま。千住博が大徳寺の障壁画を描くに際してこの地で構想を練ったということです。

　写真の岩は男性諸氏が朝に夕に眺めるものとよく似ていませんか。低次元の人は（私のことですが）こんなものを見つけて喜んでいますからどうしようもないですね。千住先生と人間としてのレベルの差を感じさせられます。でも、これぞ造化の神のいたずら！

空から降ってきた人　南北アメリカ・オセアニア ▶ オーストラリア　　Australia

　地面にめり込んだ人にはギョッとさせられました。ここはオーストラリアのアデレード。繁華街にあるみやげ物屋の店先です。
　破れたジーパンとブーツがリアリティ十分です。それにしても、ちょっと人騒がせなアイキャッチャーです。

ブロックのオブジェ？   南北アメリカ・オセアニア ▶ オーストラリア   Australia

　外国では工事中のガード役に巨大なブロックが置かれているのをよく見かけます。合成樹脂製で中に水をいれて重くします。
　オーストラリアのパースで見かけたのがこれ。デザインが見事で無粋さがありません。左端の黒いパイプで繋ぎ合わせることも出来ます。赤と白の二つを並べて置いたところなどガードというより巨大な積み木かオブジェとでもいいたい風景です。

東アジア・東南アジア

中国　トルファン　マカオ
ベトナム　カンボジア　ミャンマー

ミャンマー　インレー湖の朝

英語を書くクモ　東アジア・東南アジア ▶ 中国　　China

　世の中には不思議なクモがいるものです。中国の広州に行ったとき、英語を書くクモというのがいました。巣に顔を近ずけてよくよく見ると「WELCOME」とか「NICE TO MEET YOU」とか書いてあります。
　と言うのは冗談ですが、びっくりするほど英語によく似ていますね。

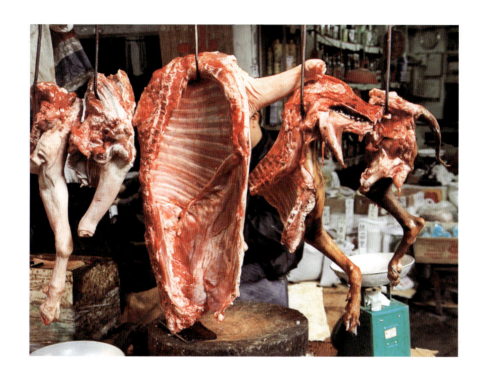

犬の二枚下ろし　東アジア・東南アジア ▶ 中国　　　China

　以前、世界を震撼とさせたSARSという伝染病がありましたが、この病の発祥地は広東省といわれます。足のあるものは机以外何でも食べるという貪欲な食習慣と不衛生な食環境が原因の一つに挙げられました。
　その省都広州の市場でさもありなんという光景に出合いました。吊るされた肉塊の右から二番目は犬の上半身半身です。口も目もしっかり付いています。

ギョッとする風景　東アジア・東南アジア ▶ 中国　　　China

　上海でまだ明けきらぬ街中をウオッチングしていたらこんな風景に出合いました。「スワ！バラバラ事件か！」とハッとしましたが、ただのマネキン人形でした。おかげで眠気の残る頭がすっきりしました。あとで片付けるつもりで店頭に出しておいたのでしょうが、こんな状態で置かれていたのでは夜間は何とも生々しいではないでしょうか。
　大都市の大通りとあっては廃棄物の置き方にも注意を喚起してほしいものです。

巻き電線は何のため　東アジア・東南アジア ▶ 中国　　　China

　　香港の近代化のスピードは大変な勢いです。長屋の棟が並ぶひとつの町がそっくり生まれ変わってしまう例も見られます。そんな中に時として不思議な光景も垣間見られます。
　　この沢山の巻き電線ははたして何のためのものでしょう。もし電気が通じていれば放電現象を起こしてショートするでしょうから通電していないでしょうが、では何のためという疑問が出てきます。香港をウオッチングするとちょっと不可解な風景が見られます。

お金ビル　東アジア・東南アジア ▶ 中国　　　China

建築技術の進化によって最近はどんな形体のビルも建てることが可能です。最近の中国の近代ビルにはちょっと驚くような奇妙なデザインに驚かされることがよくあります。「鳥の巣」とよばれた国際競技場もその一つです。
これは瀋陽市で目にしたビルですが何とお金スタイル。バスでの通りがかりに見えて、とっさにシャッターを切ったのですが、丸い外形に四角い穴はこの国の古銭そのもの。拝金主義の中国ならではのビルと言えそうです。

ローテクの過剰防衛 　東アジア・東南アジア ▶ 中国　　　China

　香港の市内を縫う高速道路上からのワンショットです。政府か軍関係の建物敷地を隔てる塀のようです。有刺鉄線の束がとぐろを巻いています。一瞬何かのパフォーマンスかとも思いましたが、そうではないようです。これでは猫一匹はおろか、ネズミ一匹も潜り込めません。こんなローテクは敬服ものです。

水辺の風景画   東アジア・東南アジア ⇒ トルファン   Turfan

　オアシスの町トルファンに行ったときです。ホテルの周辺は辺鄙ながら小さな町になっていました。どこの民家にも小さな門があり、門上には欄間のような囲み壁があります。そこにタイルに描かれた絵が張ってありました。どの家も風景画ですが、画材は家によってまちまちです。共通するのは、海岸の入り江だったり、河だったり、滝だったりとみんな水に関連する風景だということです。日本の風呂屋さんにあったタイル画が思い出されました。雨が極端に少なく、夏は50度に近い気温の土地柄ゆえの水へのあこがれなのでしょう。

増殖するドアブザー　東アジア・東南アジア ▶ マカオ　　Macau

マカオの商店街で出会ったビルの光景です。ドアホンの周りに並んだスイッチはその追加分でしょうか。本来の緑色のスイッチは5個ですから増設した分が圧倒的に多いのです。それも、タイプも取り付け位置も無秩序。何でこうなるのか不思議です。まるでどこかの国の混沌振りを象徴しているようでもありますが、私には花の茎や葉っぱにビッシリト取り付いたアブラムシがイメージされます。

ファミリーでお出かけ　　東アジア・東南アジア ▶ ベトナム　　　　　　　　　Vietnam

　　ベトナムはマイカーならぬまだマイバイクの段階です。街を走るバイクの群れは
壮観そのもの。一家でのお出かけもこのバイクが大活躍でファミリーバイクとい
うわけです。
　　ホーチミン市でそんな家族の4人乗り、5人乗りの風景を沢山目撃しました。道
交法の規制はどうなっているんでしょうねえ。もっとも、ヘルメットの着用はむ
さくるしいので着用廃止になったそうです。

足首の山　　東アジア・東南アジア ▶ カンボジア　　　　　　　Cambodia

　　カンボジアのシェムリアップにあるオールドマーケットに行ったところ、異様な光景に出合いました。女性の足首の山。正格にはサンダルを履いた女性の足首の山。もっともプラスチック製ですけれど。
　　指輪や時計をはめた手首というのはまま見かけますが、こんな足首のディスプレーというのは初めてお目にかかりました。
　　若い女性が数人品選びに夢中でしたが、私には地雷に吹き飛ばされた足首が想像されゾッとさせられる光景でした。

慈悲の国の珍商売　東アジア・東南アジア ▶ ミャンマー　　　Myanmar

　ミャンマーの人たちの信仰心の篤さには心打たれました。でも、そのことによる珍商売も目にしました。
　たくさんの小鳥を籠に入れて売っている人がいます。小鳥は焼き鳥にするのか、それとも鑑賞用なのかと思案しました。中には雀までいます。
　現地ガイドに訊いて納得。これを買った人が放してやることによって善行をつんだことになるとのことです。
　捕まえる人がいれば放してやる人がいる。それを一人でやれば偽善でも、別々の人がやれば問題ないということでしょうか。世の中とは不可思議なものです。

出張中のバス？　東アジア・東南アジア ▷ ミャンマー　　　Myanmar

　待機しているのは西武バス。ライオンマークの下には近江と書いてありますがこ
こはミャンマーの首都ヤンゴンの空港駐車場。日本から観光客が大挙押し掛けた
わけではありません。
　低開発国では日本の中古車がよく売れているますがミャンマーでも事情は同じ。
日本の新車は高すぎて手が出ないものの中古車は故障が少ないことから大人気な
のだそうです。それがトラックやバス車両にも及んでいるのです。
　日本文字は一切消さずに運行しているのが面白いですね。「シートベルトを締め
てください」などの社内の注意書きもしかり。

パチンコ店風仏像　東アジア・東南アジア ⇒ ミャンマー　　　Myanmar

　ミャンマーのお寺でびっくりしたのはLEDが派手に点滅する仏像の光背。これではありがたい仏さまの威光も半減しそうですが、ミャンマー人はよほどこんなスタイルが好みとみえてほとんどの寺の仏像にLEDがセットされているのです。この国に世界遺産が認められないのはこんな付加物のたまものとも言われています。供えられたお札の山も加わり何か日本のパチンコ店をイメージしてしまいます。
　それにしても、この仏さまは色っぽいですね。

大僧正の食事　東アジア・東南アジア ▶ ミャンマー　　　　　　　Myanmar

　ミャンマーの人たちの信仰心の篤さは喜捨の習慣でも知ることができます。この国の最高位の僧院であるマハーガンダーヨン僧院の前庭で昼時、それを見学しました。僧の一人一人が差し出す木鉢にご飯とおかずを盛る風景には心を打たれます。

　僧の食事は1日2回ですが、その量の多いのには驚かされます。一汁一菜とされる日本の禅僧のつつましさとは大違いです。中でも大僧正の食事は品数の多さにたまげました。

片足操法　東アジア・東南アジア ▶ ミャンマー　　Myanmar

　ミャンマーにあるインレー湖の朝は神秘的な光をたたえています。一人乗りの小さな漁舟がたくさん出ています。その魚師の漁風景は独特です。船の舳先に立ち、片足を櫂にからめて漕いでいます。そうすれば、両手が自由に使えるから漁の際に便利というのですが、なかなか難しそうです。かっこうはよくありませんが、まさに珍風景。おそらく世界でここだけのやり方でしょう。

カギ付きテレビ　東アジア・東南アジア ≧ ミャンマー　Myanmar

今思うとおかしいのですがテレビの出初めの時、どの家庭でもブラウン管の前にうやうやしく暖簾をさげていました。貴重品に対する敬意の表れでしょうか。

ミャンマーの一般家庭を見せてもらった時、テレビが戸棚に入れられ、鍵がついているのを目撃しました。まさか有害番組を子供に見させないためでもないでしょうが。

ストリップがない国のストリップ人形   東アジア・東南アジア ▶ ミャンマー   Myanmar

　宿泊したヤンゴンのホテルで土産物店のショーケースを覗いたら、民族衣装を着た人形に囲まれ、こんなものがありました。小指にも足りない9体の人形が着衣姿からオールヌードになるまでを演じています。
　敬虔なこの国にストリップショーなど低俗なものがあるのでしょうか。現地ガイドのモーさんに確認したら「ありません」と言います。
　では、この人形は誰に売るのだろう。海外から来た客が物珍しがって買っていくのか、それとも、ミャンマーの人たちに「外国にはこんな見世物がありますよ」と知られるために置いてあるのか。私には不可解でした。

南アジア

インド　バングラデシュ

インドのファテープル・シークリーにて

インド人とゴミ　南アジア ▶ インド　　　India

　別に椅子を使ったインスタレーションというわけではありません。インドのチャンデガール州庁舎の屋上で見た光景で、壊れた椅子はゴミそのもの。たまたまドアの開いていた一室を覗き込んだら大掃除の真っ最中のように散らかり放題。隣の裁判所の屋上に登ったら広い屋上全体が廃棄物の山。次の日に芸術学校に行ったら芝生の中庭一面に花が咲いたのかと思ったくらいゴミだらけ。インド人は掃除することを知らないのではないかと本気で思いました。
　ちなみにこの3つの建築作品はすべてコルビュジエが設計した世界的名建築です。もしコルビジュエが目撃したら嘆くことでしょう。

拒絶の表現　　南アジア ▶ インド　　　　　　　　　　India

　以前、福田繁雄の反戦ポスターで機関銃の銃身がこんな風に結ばれているのがありました。断固とした意思を視覚的に表したものとして優れたデザインと思いました。
　インドに旅したときアーメダバードのレストランでこの禁煙サインに出会って「やややや」と思いました。これは福田繁雄の本歌どりなのか、それともデザイナー氏の独自発想か。
　レリーフで表した巨大サイズにもビックリ。ほとんどアート作品の領域ではないでしょうか。これではこそこそタバコは吸えません。

路上床屋　　南アジア ▶ インド　　　　　　India

　東南アジアではこんな路上の床屋さんはよく見られます。でも、設備はいろいろで、こんなイス無しは珍しい。しゃがんでやってもらうのでは客も大変です。ツアーで一緒になった人がいろいろな国で散髪してもらうのを趣味にしていましたがペルーでは石鹸も付けないで鬚を剃られたと言って怒っていました。ここの床屋も同様のようです。私ならこんな床屋の体験は願い下げです。写真はインドのアグラです。

彫像の代わりをする犬　南アジア ▶ インド　　India

変った犬もいたものです。塀の上の柱にまたがってジッとしています。彫像になったつもりかも知れません。

ミスマッチ　　南アジア ▶ インド　　　　India

　陳列台の上には鍋と卵が置いてありますから卵料理の店でしょうか。でも、ガラスケースの中は指輪です。指輪はどうせ安ものでしょうが、何とも珍妙な取り合わせに感心しきり。インドのベナレスの街のワンショットです。インド人は神経が図太いですね。

不可解な風景　南アジア ▶ インド　　　India

　一応立派なトイレもあるのにその横で立ち小便をする男性。それともタイル張りのトイレは大用もしくは女性用で隣は小用なのでしょうか。でも、通りからは丸見え。立派な左のトイレもドアはついていません。日本人にはとうてい利用はむりですね。インドのジャイプール、人通りの多い街の一角にて。

スリル満点の滑り台　南アジア ▶ インド　　　India

　　　子供の頃は滑り台にかなりのスリルを味わったものです。ジャイプールのこの滑
　　り台は滑るときだけではなく、登るときにもスリルを味わえそうです。なにしろ、
　　階段にてすりがなく、それもかなりの高さです。私など登る勇気もありませんが、
　　インドの子供たちは遊ぶ時にも敏捷性を養っているようです。

カギ付きマンホールの蓋　南アジア ▶ インド　　India

　コルビジェが都市計画をしたチャンディガールはインドの中でも比較的に富裕層が多い地方と言われています。店舗街も垢ぬけした感じです。でも、ここで目撃したマンホールの蓋には驚きました。全部カギ付きなのです。中には十文字に帯び鉄をかけ渡しているものもあります。私としてはカギ付きマンホール蓋を目にしたのは世界でここだけです。

南国の日の丸旗　南アジア ▶ バングラデッシュ　　Bangladesh

　　バングラデッシュの国会議事堂でこの国の国旗を目にしてビックリしました。日本と同じ日の丸パターンなのです。ただし、ここのは白地ではなくグリーン地。日の丸の色も赤ではなくて橙色。いかにも暑苦しそうです。暑い国では色彩感覚も暑くなるのでしょうか。
　　やっぱり日本の日の丸に勝る国旗はないですね。

8 中央アジア

ラオス　ブータン
ウズベキスタン　チベット

ブータンの女学生たち

見たくない食材　中央アジア ▶ ラオス　　　Laos

辺境の地ではどんなものが食されているのか、ツアーではその土地の市場をのぞくのも興味深いものです。ラオスのムアンシンの市場を見学した時のこと、ポリバケツの蓋を取ったら出て来たのがこれです。ゴシャゴシャ、ニョロニョロ。これはいったい何だ。同行の女性客が「キャー！」と言って抱きついてきました。私も背筋が寒くなりました。二度と見たくない気分です。

優雅なショーウインド　中央アジア ▶ ブータン　　Bhutan

　ブータンの建築は寺院も店舗も住宅も全て同じデザイン要素で造られています。欄間部分の梁型断面と花文様、窓は木製枠の花頭式くり型に周囲は花文様とみな同じです。だから外見だけでは店舗なのか、そうでないのか見分けがつきません。でも、この写真の建物は窓に運動靴が並んでいますから歴とした店舗と分ります。経文でも入っていそうな雰囲気のところにスニーカーとは優雅ですね。左端はミュージックテープとCD。このミスマッチぶりが面白いですね。

天狗の鼻???　中央アジア ▶ ブータン　　　Bhutan

ブータンの雑貨屋さんの入り口です。軒下にあるのは天狗の鼻？　でも、肝心の面はどうしたのでしょう。よく観察すれば男性自身。地元の人たちは気にする様子もなく出入りしています。もっとも、これはこの国の魔除けなのです。文化の違いとは面白いものですね。

ウズベキスタン式水汲み風景　中央アジア ▶ ウズベキスタン　　Uzbekistan

ウズベキスタンノ古都ブハラの公園でのワンショットです。横に水汲み用の水栓がついていれば何と言うことはないのでしょうが。
そういえば私も小さい時の遊びでやったことがあります。この容器いっぱいにするにはちょっと時間がかかりそうです。

あひるの休憩場所　中央アジア ▶ ウズベキスタン　　　Uzbekistan

ウズベキスタンではどこの家にも大型の長いすと言うか、ベットというのか、こんなものが備えてあります。屋人はその上のテーブルでお茶を飲んだり、食事したり。ふとんがあるところを見ると昼寝もするのでしょう。なにしろ暑い国ですから。その下に鶏とアヒルがいるとこを見ると彼らにもいい休憩場所なんでしょうね。

完全防衛　　中央アジア ▶ チベット　　　　　　　　　　Tibet

　　チベットのサキヤという辺鄙な町での目撃物件です。ドラム缶の中にあるのは井戸ポンプでしょう。ドラム缶の蓋と蛇口のカバーには鍵が付いています。その上大人でも一人では持ち上げられそうもない石の重石。水がよほど貴重な土地なのでしょうが、この厳重ぶりには唖然としました。

省エネ湯沸かし器　中央アジア ▶ チベット　　　Tibet

温暖化対策もここまで来れば敢闘賞ものです。チベットのラサで目にしました。太陽の反射光利用とは考えたものです。ちゃんと魔法瓶まで用意されています。でも、時間のかかることは覚悟しなくてはなりません。

日本

高島平駅の人面柱

巨大ボールの奇観 ▶日本　　　Japan

　　厚木にある小公園の風景です。巨大なボールの林はまるで土星を周回する衛星群の中に迷い込んだような気持ちにさせられます。ボールの先端には小さな噴水があり、表面をぬらしています。映画「インディジョーンズ」には狭い洞窟の中をこんな石の塊がゴロゴロ転がってくるシーンがありましたね。創造力を刺激する遊び心豊かな造形です

品をつく電柱　日本　Japan

いまや日本では犯罪人並みに毛嫌いされる電柱ですが、それなりに効用もあります。レトロ愛好者にはそれほど抵抗感もありません。ことに犬族にとっては散歩時の必需アイテムでもあります。

北海道は北見の街中でお目にかかった電柱にはビックリ。途中からグンニャリと曲がって品をつくっているのです。しかも、その通りのは全部同じ。こんな電柱見たことない。

こまったハト　▶日本　　　　　　　　　　　　　　　　Japan

　　JR池袋駅の東口広場にある像はなかなかの傑作です。健康美と躍動感のフォルムとでもいいましょうか。きっと名のある彫刻家の作なのでしょうね。
　　ところが、ハトがちょっと目障りです。いつ見てもこのポイントにとまっているので、ついつい目がそっちに行ってしまいます。池袋のハトが特別エッチということでもないでしょうが。

何のおまじない? ▶日本　　　　　　　　　　　　　　　　Japan

　物資の不足した終戦直後、玄関に脱いだ靴をねらう泥棒が横行したものです。いまはそんなことはありませんが、これ見よがしな靴の行列は気になります。
　長居の客の尻を上げさせる対策として手拭いを掛けた箒を立て掛けるおまじないもかつてありましたが、門扉の上の靴は押しかけセールスを撃退するおまじないなのでしょうか。

フェイク建築 ▷ 日本　　　　　　　　　　　　　　　　　　　Japan

中央に時計塔を備えた白亜の殿堂はどこかの大学かと思いきや何と保育園。東京のど真ん中だったら某国大使館といっても通用しそうですがここは富山県小矢部市の田園地帯。

バブル華やかしき頃、市長の発案で市が造る公共建築をすべて日本と世界の有名建築を模したデザインにすることになったそうです。それが36もあるというからすごい。

保育園は銀座服部時計店の時計塔と明治神宮外苑の絵画館を模したものとか。ほかにベルサイユ宮殿風あり、ノートルダム寺院風あり、ビッグベン風ありと多種多様。なんと戦前の東京駅まであるのです。鬼怒川のワールドスクエアより人気が出てもよさそうですがちと遠すぎます。

巨樹の上のレストラン　▶日本　　　　　　　　　　　　　　Japan

　　沖縄に向かう機内で何気なく機内誌をめくっていたらすごい写真が目に付きました。巨大な樹の上の家です。その記事は那覇を紹介したものでした、ということはこれから向かう那覇にこれが存在するわけです。さすがは南国沖縄と恐れ入りましがこれは是非とも実物を見てみたいもの。その那覇でレンタカーを借りて市内を飛ばしていたら偶然その写真の木に巡り合いました。近づいて見れば巨樹はガジュマルの擬木ではないですか。樹上にあるのはレストランでした。しかし、その巨大さにはやはりびっくり。たとえ擬木にしてもよくも造ってくれたものです。街並みの中でひときわ異彩を放っていました。

ビックリのフラミンゴ ▶日本　　　　Japan

京都の上終町というところを歩いていたときのことです。若向きの衣料品店の前を通りかかったら庇から鳥の足らしきものが延びています。何だろうと思いつつ通り過ぎて後ろを振り返ったら庇の上に胴体が。なんと巨大なフラミンゴでした。建物の外壁も密林仕様でペインティング。古都京都の店舗もなかなか味なことをやるものです。

街の動物園 ▶日本　　　　　　　　　　　　　　　　　　　　Japan

高崎市内を車で通ったとき、信号待ちの車窓にこんな光景が見られました。公園や遊園地でもないのに並んだキリン。足元のキャタピラでショベルカーと気がつきましたが、ちゃんと草の茂みまで描き込んであります。こんな土木機械にキリンとは考えたものです。これなら殺風景な現場作業も楽しくやれそうですね。さぞ、この会社の社長は動物や子供の好きな遊び心のある人なのでしょうね。

あとがきにかえて

ウクライナに行ったとき、ホテルの近くの小公園で写真を撮っていたら二人づれの清楚な少女が近づいてきてデジカメを見せ、私たちと一緒に写真を撮ってくれませんかと言います。ちょっと面喰い、面映ゆく思いなながら私も自分のカメラを差し出して一枚とってもらいました。シリアのパルミラに行った時は4,5人の陽気な若者たちの一団がやはり一緒に写真に入ってほしいと言ってきました。日本人が珍しかったのでしょうか。ちょっとでもコミユニケーションできたらどんなに面白いだろうと思いましたが、それはかないませんでした。

ウクライナはつい最近、政府軍と親ロシア派が戦闘をかまえ、沢山の死者が出ました。あのときの少女たちはどうしたか、ちょっと心配です。シリアのパルミラはISによって破壊行為が続いています。あのときの若者たちは銃を持って戦場に駆り出されているのだろうか。それとも、難民となって異国をさまよっているのだろうか。過去に私が立ち寄った多くの国々で戦闘行為が繰り広げられ、人々が悲嘆に暮れています。

第2次世界大戦終結以降70年。日本は平穏の中にありましたが、世界はどんどんと混迷の度を加えています。そうした状況を見るにつけ、この日本に生を受けたことをつくづく幸せに思います。

小野博之

小野博之（おの・ひろゆき）
1940年富山県高岡市生まれ
明治大学工学部建築学科卒業
現在（株）東京システック相談役
【著書】
『世界サイン紀行Ⅰ〜Ⅴ』(智書房)
『サイン観察の旅』(マスコミ文化協会)
『サイン・デザインの世界へⅠ、Ⅱ』
　(マスコミ文化協会)
『仕事も趣味も一緒懸命』(㈱東京システック)

びっくりワンショット地球巡り
2015年11月25日　初版発行

著者‥‥‥‥小野博之
発行人‥‥‥‥岩波智代子
発行‥‥‥‥‥株式会社智書房
　　　　　　〒112-0001　東京都文京区白山5-2-5
　　　　　　Tel.(03)5689-6713　Fax.(03)5689-6721
発売‥‥‥‥‥株式会社星雲社
　　　　　　〒112-0012　東京都文京区大塚3-21-10
　　　　　　Tel.(03)3947-1021　Fax.(03)3947-1617
デザイン：山口敦　印刷：株式会社シナノパブリッシングプレス
ISBN978-4-434-21380-9 C0026 ¥1600E
本書を無断で複写複製することは、著作権法上での例外を除き
禁じられています。
落丁・乱丁本はお取替えいたします。

世界サイン紀行 シリーズ 全5巻

写真とはつくづくありがたいものである。脳の中の記憶の底に沈みかけていた思いを引っ張り出して、細部まで明確にしてくれる。形骸のみ残った感動の中味を再び濃密に満たしてくれる。しかし、それは触媒としての作用であり、化学変化の物質元素はわたしにとって旅であり、巡り会ったサインの数々である。本シリーズは、時を経た過去の旅でのサインとの出会いから、写真を媒介に、その感動を手繰り寄せて構成したものである。

（著者　小野博之）

世界サイン紀行Ⅰ　ポエティックな出会い
- アメリカ編
- ヨーロッパ編
- アジア編

世界サイン紀行Ⅱ　心に残るサインたち
- 北アメリカ編
- 南アメリカ編
- エッセイ　映画の中のサイン
- ヨーロッパ編
- エッセイ　旅のトラブル
- アジア編
- エッセイ　台湾のおもしろサイン

世界サイン紀行Ⅲ　かたりかける街角
- 南北アメリカ編
- エッセイ　ナスカへの旅
- ヨーロッパ編
- 中東編
- エッセイ　ネオン煌く砂漠の幻想都市
- アジア編
- 日本編

世界サイン紀行Ⅳ　サインのこころ　こころのサイン
- オランダ　奇妙な奇妙なユートピア国家
- ベルギー　デザイン王国の不思議サイン
- フランス　デザイン王国の不思議サイン
- アメリカ[ニューヨーク]　サインと数字がつくる都市
- アメリカ[フロリダキーウェスト]　ロマンの島のサインを求めて
- カンボジア　アンコール・ワットとアプサラの国
- エジプト　現代にいきる神話の神々
- エッセイ　小津映画とサイン
  「わたしのネオン サイン・ストーリー」

世界サイン紀行Ⅴ　"都会のシッポ　田舎のトサカ"
- ヨーロッパ編
- 南北アメリカ編
- オセアニア編
- アジア編
- 中東編
- 北アフリカ編
- エッセイ

判型　A4変形　全カラー
定価　世界サイン紀行Ⅰ　本体2,800円+税
　　　世界サイン紀行Ⅱ　本体2,800円+税
　　　世界サイン紀行Ⅲ　本体2,000円+税
　　　世界サイン紀行Ⅳ　本体2,000円+税
　　　世界サイン紀行Ⅴ　本体2,000円+税

発行　株式会社 智書房
　　　〒112-0001　東京都文京区白山5-2-5
　　　TEL 03-5689-6713
発売　株式会社 星雲社